LA GUERRA Y LA GRACIA

DARIUS ROCHEBIN

LA GUERRA Y LA GRACIA

Conversación inacabada con Hélène Carrère d'Encausse

EDICIONES RIALP
MADRID

Título original: *La guerre ou la grâce. Conversation inacherée avec Helène Carrère d'Encousse*

© 2024 Librairie Arthème Fayard
© 2024 de la versión española realizada por MIGUEL MARTÍN
by EDICIONES RIALP, S.A.
Manuel Uribe 13-15, 28033, Madrid
(www.rialp.com)

Preimpresión: www.produccioneditorial.com

ISBN (edición impresa): 978-84-321-6855-0
ISBN (edición digital): 978-84-321-6856-7
ISBN (edición bajo demanda): 978-84-321-6857-4
ISNI: 0000 0001 0725 313X
Depósito legal: M-16964-2024

Impreso en España   *Printed in Spain*

Anzos, S. L. - Fuenlabrada (Madrid)

ÍNDICE

PREÁMBULO

Nacemos bárbaros, pero rescatamos
nuestra naturaleza animal por la cultura.
La cultura hace del ser humano una persona.
Baltasar Gracián

Me gusta la persona que ríe cuando combate.
Winston Churchill

Me gustó Hélène Carrère d'Encausse. Su conversación era libre como la juventud, cuando por la tarde, después de las clases, cuesta despedirse en las escaleras del colegio. La conversación se prolonga hasta el crepúsculo. Ojalá durase para siempre.

El encanto seguirá, espero, con la lectura de estas entrevistas. La muerte las interrumpió, pero no las ha ensombrecido. Hélène Carrère d'Encausse reía mucho y no lloraba jamás, al menos eso afirmaba ella.

A los impudores, ella oponía la contención clásica: *Fedra* dice más de eso que todo el psicoanálisis. Por lo demás, si había que abreviar o rechazar una tristeza, recurría a la invariable fórmula: «Eso es muy divertido».

¿Lo ha pasado bien? Seguramente. A fuerza de trabajo y tenacidad. Nacida en la pobreza, sin patria, sin apoyo, Hélène Zurabichvili supo que la cultura sería su salvación. Encontró allí mucho más que un medio de vida. Una gracia hacía su efecto: «Yo tenía la impresión de estar iluminada por dentro».

Antaño, en el exilio ruso de París, entre los grandes señores convertidos en obreros de Renault o taxistas, una princesa había capturado sus miradas de niña: «No me cansaba de observarla. Esta mujer lo había tenido todo y no tenía ya nada. Tenía que fabricar accesorios de automóvil para pagarse el alquiler. Pero mientras cumplía con su ingrata tarea, murmuraba los poemas franceses que conocía a cientos. Y era feliz».

La lección venía de su madre, salida de la aristocracia de corte, políglota y cultivada, decepcionada por la revolución bolchevique. De su anterior grandeza, no había conservado más que cajas de madera, llenas de las obras de los mejores autores. Estaba escrito que Hélène no tendría más que los libros y el estudio como único patrimonio. Quedaba hacerlo fructificar: «He salido de ahí. No es cuestión de lamentarme. Había que construir una vida. Lo he hecho. El día de mi elección a la Academia francesa, había superado la cuesta».

Justo antes de morir, para anotar nuestras entrevistas, la académica se había provisto de cuadernos nuevos, según su estudiosa costumbre. Los comienzos de curso habían sido siempre para ella una alegría, una vez superada la vejación del pasar lista a los alumnos, cuando los profesores se atascaban en su apellido extranjero. Qué felicidad, luego, de poder recitar «Nuestros ancestros los galos»: ella que no tenía ni gota de sangre francesa.

«En primer lugar, soy patriota —le gustaba decir—; en segundo, europea; y tercero, cosmopolita». Considera su nacionalización como un segundo bautismo. Desde su mayoría de edad, la estudiante apátrida corre a presentarse ante el oficial de estado civil. Ha memorizado piadosamente la Constitución completa y *La Marsellesa,* que se dispone a cantar con la mano sobre el corazón. Su entusiasmo es defraudado: basta rellenar un formulario. No importa. ¡Ya es francesa por fin! Francesa como Victor Hugo, al que pone en lo más alto. Como de Gaulle, del que hará más tarde un modelo de política extranjera. Como Jeanne d'Arc, el objeto de sus ingenuas admiraciones infantiles.

¡Qué camino recorrido, entre el cuchitril de los Zurabichvili, inmgirantes sin blanca, apretados en veinticuatro metros cuadrados, y el patio de los Inválidos, donde el presidente de la República pronunciará su homenaje fúnebre nacional, ante las autoridades, bajo la mirada de la estatua de Napoleón! Es verdad que las instituciones debían a Hélène Carrère d'Encausse un mutuo reconocimiento. ¡Cuántas horas dedicadas a las sesiones solemnes, a las ceremonias, a las entregas de condecoraciones, a los comités de premios literarios!

Siempre activa, siempre exacta en sus deberes, como una soberana en su palacio del Quai

Conti, guardaba, sin embargo, bajo los aires de la extrema conveniencia, una ironía feroz y subversiva. Cuando no se ha sido nada, la nada permanece en lo profundo de sí. De ahí, una íntima e íntegra libertad de espíritu. Ella me citaba un día, de memoria, el programa de Saint-Simon al comienzo de sus *Memorias*: «Todo amor propio, toda inclinación, toda aversión y toda especie de interés debe desaparecer ante la más pequeña y la menos importante verdad, que es el alma y la justificación de toda historia».

El punto de vista exterior os libera de las ideas simples, testigos el Huron de Voltaire o el Persa de Montesquieu. Para Hélène Carrère d'Encausse, eso fue Rusia. Dos lenguas maternas y dos culturas le enseñaron a dudar al mismo tiempo que a pensar. ¿Quién venció a Bonaparte en 1812 en la campaña de Rusia? ¿El invierno, como se le enseñaba en París? ¿O el genio de Kutuzov, según la historia escrita en Moscú?

Hélène Carrère d'Encausse practicaba la objetividad hasta la provocación. Se la leerá en las páginas que siguen, cuando describe el progresivo eclipse de Occidente, nuestras indignaciones escogidas, nuestros compromisos respecto al comunismo y el fascismo. Allí donde tantos otros confunden sus deseos con sus previsiones, la historiadora quería ver el peligro con los ojos abiertos.

Europea en todas sus fibras, no era por eso menos escéptica sobre nuestra potencia futura. Al considerar un mapa de geografía, Europa puede parecer reducirse a «un pequeño cabo del continente asiático». Entonces la democracia, aparecida en la risueña y liberal Atenas, hace veinticinco siglos, tocaría a su fin o se desvanecería en una lenta decadencia. Europa poseyó el imperio del mundo: a menudo, el conquistador acaba conquistado por su conquista. ¿La ponía eso melancólica? «Nunca. Yo pienso como quiero. No se imagina la cantidad de gente a la que eso la hace enfadarse», sonreía, con un brillo de júbilo salvaje en los ojos.

Libertad no es cinismo. Alumna aventajada de la escuela republicana, creía en las promesas del mérito y del saber. ¿Concedía mucha fe a eso? Esta hija de las Luces, que presumía de una caridad cristiana y tolerante, ¿podía entender las pasiones y los afanes de la época? Quizá le faltase un *nosequé* necesario para comprender plenamente los furores que producen tantas víctimas, pero también tantos adeptos: el odio de raza o de clase, los vértigos de la rabia y de la sangre.

Ella no se defendía. Incapaz del exceso, aun con buena intención, desconfiaba de «la inmoderación respecto al bien mismo», a la manera de Montaigne, burlándose a gusto de los que dan lecciones y de los biempensantes de profesión. En las horas más duras de la Guerra Fría, ella había escapado de las parcialidades, ganándose por eso la cólera de los dos campos. En la izquierda, los comunistas la ponían entre los reaccionarios; en la derecha, a los ojos de los cruzados del «mundo libre», su imparcialidad se consideraba un compromiso con la parte contraria.

¿Por esa razón, desconfiaba de las intenciones rusas antes del asalto contra Ucrania? El evento confirmaba, sin embargo, su convicción de «pacifista contrariada». La violencia es la regla, la paz la excepción. La desaparición de su propio padre, asesinado en la Liberación, le había dejado una marca.

Ella volvía a la *Ilíada* y a ese verso famoso que le encantaba. Antes de ir al combate y a la muerte. Héctor aprieta en sus brazos a su hijo Astianacte. En ese instante, el corazón del guerrero se parte: ha visto, en el rostro de su mujer Andrómaca, una *sonrisa en lágrimas*.

Esa sonrisa bañada de lágrimas nos ha hecho evocar a los ausentes. Hemos hablado de nuestros padres desaparecidos, de la comunión entre los muertos y los vivos, en la que ella creía, y de la necesidad de tenerla en cuenta. Luego la conversación siguió sobre Homero, y sobre la guerra que nunca tiene fin.

En la última cita, en su puerta, en el momento de despedirnos, ella se dio cuenta de que yo bajaba la escalera en la oscuridad. No veía el reloj. «Cuidado con la oscuridad —dijo ella—. No es el momento de caerse: tenemos todavía mucho que hacer».

Darius Rochebin – Hélène Carrère d'Encausse, vamos a hablar de usted, de Rusia y de la guerra. ¿Por dónde comenzar?

Hélène Carrère d'Encausse – Le dejaré que lleve usted la danza.

d. r. – Me acoge en su casa, rodeada de sus libros. ¿Cuál ha sido la primera lectura de su vida?

h. c. e. – Le voy a parecer muy seria. Todo comenzó por la *Ilíada*. A los cuatro años y medio, descifraba las *Fábulas* de La Fontaine. Me daban periódicos infantiles. Disfrutaba con las aventuras de Bicot. Pero leer de verdad es otra cosa. Homero me transformó. Le voy a hacer una confesión. Yo, que tengo horror a la violencia, prefería los relatos más sangrientos. Quedaba cautivada por los combates de los héroes más crueles. Me decía sin duda confusamente: «Pequeña, la realidad es eso».

d. r. – La guerra, ya.

h. c. e. – La guerra, siempre. En 1989, a la caída del Muro de Berlín, acuérdese, algunos

profetas nos anunciaban «el fin de la historia».
Yo sonreía. El relato de la cólera de Aquiles os
inmuniza de por vida contra esas ingenuidades.

D. R. – Usted leía la *Ilíada* a mediados de los
años 1930. En el mismo momento, *La guerra
de Troya no tendrá lugar* se estaba representando
en el teatro, y Europa corría hacia el abismo.
¿Tenía conciencia de eso?

H. C. E. – Me bastaba abrir los ojos. La guerra había determinado mi joven existencia. Yo
era una brizna de paja arrastrada por la tem-
pestad de los acontecimientos: una niña apátrida, nacida de padres exiliados. Antes de mi
nacimiento en París, mi familia había huido
de Rusia, de la Revolución bolchevique y la
atroz guerra civil. Y he aquí que nos encon-
tramos apretados en un alojamiento de veinticuatro metros cuadrados. No había sitio para
sillas. Pasábamos de tener cuchillos: de cualquier manera, la carne estaba por encima de
nuestras posibilidades. Todo eso tenía mucho
de campamento. La cena no reclamaba ceremonia alguna. Se empujaba la mesa y nos sen-
tábamos en nuestros camastros.

D. R. – Hoy, Rusia ha llevado la guerra al centro de Europa. ¿Reaviva eso recuerdos?

H. C. E. – La historia rusa está bañada de sangre. Los europeos no lo comprenden. Ellos parten del principio de que se emplea la violencia como último recurso. Eso disimula sus cálculos y sus pensamientos ocultos, por supuesto. Pero eso, al menos, abre el abanico de las posibilidades. Los rusos obedecen al reflejo contrario. La fuerza viene en primer lugar. La conciben como el medio más seguro, el más natural. Por desgracia, la regla vale tanto para las naciones como para los individuos.

D. R. – Es la sentencia espantosa de Stalin: «La muerte resuelve todos los problemas. Más hombres, más problemas».

H. C. E. – Stalin ha encarnado el extremo absoluto. Pero la tradición viene de lejos. En el tiempo de los zares, el asesinato político se encuentra de modo regular. Matar lo simplifica todo. Sucede que se resuelve así la sucesión imperial, como fue el caso antiguamente en el Imperio romano. Conocerá la frase que se difundía en el Antiguo Régimen: «Rusia es una autocracia atemperada por el asesinato».

D. R. – Se dice que hay aristócratas regicidas colgados en vuestro árbol genealógico.

H. C. E. – Se dice y es verdad. Hay tres. Algunos de mis ancestros estaban incluso orgullosos de ello. Después de la toma del poder por los bolcheviques, en 1917, la rueda ha girado. Éramos nosotros los destinados a una muerte cierta. Si mi familia no hubiese emigrado, yo no estaría en este mundo. Suponiendo que mis abuelos y mis padres hubiesen sobrevivido a Lenin, yo habría nacido en Rusia, y Stalin no nos hubiera librado. No quedaría nada. Ni siquiera una sepultura. Las grandes purgas de 1937 y 1938 nos hubiesen tragado en la nada.

D. R. – Todo eso parece tan lejano, en la calma de este palacio heredado del Gran Siglo. Estamos aquí en Quai de Conti. El Sena discurre a nuestros pies. Se ve el Louvre en la orilla opuesta, la Cúpula del Instituto desde otra ventana.

H. C. E. – ¿Cree que he olvidado de dónde vengo? La crueldad de la historia no me ha dejado. A la manera rusa, el humor atenúa la tragedia. Al salir de este palacio Mazarino, yo tenía la costumbre de trotar al otro lado del Sena. Iba a dar mir clases a la Samaritaine. Me acercaba a los valientes que detienen a los ladrones a la entrada. Charlábamos. Les hacía contar las historietas de su oficio. Ellos se preguntarían seguramente: ¿qué querrá esta de nosotros? Yo les explicaba. Cuando mi abuelo desembarcó en París, completamente arruinado, había tenido el mismo empleo que ellos. Se le había gratificado con un título pomposo: ¡«Inspector en la Samaritaine»! Eso no engañaba a nadie. Ese señor de la alta burguesía, propietario de tierras, director de la sociedad de ferrocarriles, muy a caballo de su rango, había sido degradado a la condición de vigilante de gran almacén. Bla, bla, bla. Nos reíamos en casa, para no llorar. Más valía eso que morir en el Gulag.

D. R. – ¿Cómo rastrear la genealogía de esta violencia?

H. C. E. – Para comenzar, está el problema del espacio ruso, anormal, desmesurado. Haga cuentas. Después del hundimiento de la URSS, incluso amputándole un quinto de su superficie, Rusia sigue siendo el mayor país de la tierra. Una parecida inmensidad tiene algo de inconcebible, de peligrosamente *indefinido,* tanto en sentido físico como en sentido moral.

D. R. – En 2016, Vladimir Putin asiste a un concurso escolar de Geografía. Le suelta a un alumno: «Las fronteras de Rusia no terminan en ninguna parte». Se puede ver el archivo televisado. La frase está pronunciada de un modo extraño, mitad broma, mitad máxima de Estado. ¿Es ese el desequilibrio de que usted habla?

H. C. E. – En efecto. El presidente checo Vaclav Havel ha descrito este Estado de formas flotantes. Hablaba por experiencia, en tanto que antiguo opositor del comunismo, en un país al que Moscú había enviado los tanques para acabar con la Primavera de Praga en 1968. Ese es un inquietante vecino, decía él. Rusia se expandió y retrocedió muchas veces sin pararse en barras. De ahí viene su complejo paradójico y amenazante. Es como una mezcla entre la paranoia y la tentación imperial: una dialéctica entre el temor a la invasión y la tentación de invadir a otros para protegerse de esos ataques reales o imaginarios. Imagine lo que ha sido la conquista de Siberia. Se avanza en territorios sin fin. La mirada terminaba por perderse. El límite mismo del país parecía perderse. Pues, a falta de una frontera establecida, el estado de guerra no se termina nunca. ¿Hablaba de un desequilibrio? Ahí está.

D. R. — Antes de 1945, de Gaulle emplea esa palabra cuando se refiere a los alemanes. Los califica de «pueblo desequilibrado», inseguro de su geografía.

H. C. E. — Es todo lo contrario de la Francia de Vauban y sus límites bien trazados.

D. R. — El mismo de Gaulle pone a Vauban muy alto. Considera su organización de las fronteras en el rango de las obras maestras clásicas.

H. C. E. — ¡Las fortalezas de Vauban, armoniosas como Racine o Corneille, es magnífico!

Ese es exactamente el punto de equilibrio que siempre ha faltado en Rusia.

D. R. – ¿Será Rusia por eso siempre una amenaza?

H. C. E. – No. Me resisto a encerrar a un pueblo en su fatalidad. Mire lo que se produjo bajo Gorbachov, entre 1985 y 1991. Los rusos aspiraban a la libertad y a la prosperidad. Querían la paz, la verdadera, no la que se invoca para mejor hacer la guerra. En mi vida, ese fue un periodo bendito. Por un sí o un no, yo saltaba a un avión y corría a respirar el aire de Moscú.

D. R. – Al contrario de Gorbachov, el pacifista, Putin ha nacido de la guerra. Su poder se ha forjado en el fuego del conflicto con Chechenia. ¿Está él ligado a este principio indisolublemente?

H. C. E. – Se pudo creer que se había desprendido de eso. Fue un error.

D. R. – Aun en la víspera del ataque contra Ucrania, la agresión parecía imposible.

H. C. E. – Yo me equivoqué. No vaya a creer que suponía que Putin tendría escrúpulos. Ya había hecho la guerra a menudo, y de manera brutal. Sin embargo, no imaginaba que se metería en una aventura, no solo criminal, sino además irracional.

D. R. – ¿Es eso irracionalidad? ¿O es una apuesta? ¿Haría un cálculo, según el cual Rusia tiene más porvenir en la guerra que en la paz? En un nuevo orden mundial, o más bien en un nuevo desorden, Putin puede conjeturar que Rusia aumenta las oportunidades de conjurar su decadencia. Es lo que el cardenal de Retz llamaba «el punto de la posibilidad». Si tal es el caso, el objetivo de la guerra de Putin es la guerra misma.

H. C. E. – Entonces seguirá siendo un *homo sovieticus* al más viejo estilo. Que medite sobre el pasado. El sistema político apenas resiste las derrotas. Un precedente histórico debería hacerle reflexionar. La derrota frente al Japón pavimentó el camino de la Revolución de 1905. Es en ese contexto como tuvo lugar el motín del acorazado *Potemkin.* Los soldados no dan ya ningún crédito a sus jefes. Nicolás II tuvo el error de desconocer el valor de los japoneses, del mismo modo que Vladimir Putin ha subestimado a los ucranianos. Los fracasos militares quebrantan el poder, inevitablemente.

D. R. — Usted conoce mejor que yo la otra lógica. Rusia se ve a sí misma más grande —ciertamente no más humana— en tiempos de violencia. Así, la tiranía de Stalin, consolidada por el terror de los años 1930 y reforzada por el sacrificio de la Segunda Guerra Mundial. Así también, la Guerra Fría. La URSS tiene bajo su bota a la mitad de Europa, y es poderosa y temida. Desde que Gorbachov deja de inspirar miedo, es despreciado en Rusia y tratado en el extranjero con una condescendencia compasiva.

H. C. E. — Ay, sí. Y los rusos sacan de eso una falsa moral. Antes de ser atacado por Hitler en 1941, para Stalin no cuenta para nada la vida de sus propios soldados. Hace asesinar a la generación de oficiales más brillantes y experimentados. En 1937, ordena torturar y matar al mariscal Tujachevski, que tenía la fama de ser uno de los más grandes jefes militares.

Luego, cuando comienza el conflicto y en lo más fuerte de los combates, el simple soldado no vale más que el ganado a los ojos del mando soviético. Las unidades de la NKVD masacran a todo tren a los recalcitrantes y a los que consideran «cobardones».

D. R. – Stalin se cubre de gloria: «El Ejército rojo es el único en que hace falta más valor para retroceder que para avanzar».

H. C. E. – Todo era de ese estilo. De ahí este enigma: ¿cómo este ejército soviético, decapitado de sus mejores generales, sujeto a tratamientos tan crueles, ha podido vencer al enemigo nazi? El espíritu occidental tropieza en la pregunta. Los rusos tienen sentimientos muy diferentes cuando se evocan esos recuerdos.

D. R. – ¿Se refiere al orgullo por un sacrificio tan grande?

H. C. E. – Sí. Y más que eso. Sin duda la oscura convicción de que la guerra se ganó no *a pesar de* este poder salvaje, sino *gracias a él.* Al precio de su dureza, a la vez inhumana y sobrehumana, y la única capaz de rivalizar con la barbarie de los alemanes.

D. R. – ¿Es eso falso?

H. C. E. – Me plantea una cuestión terrible. Hay que recordar lo que debemos a los soviéticos y agradecerlo. Más de 20 millones de hombres y mujeres han perecido. Contribuyeron a la victoria común frente al nazismo. Pero la manera de ver de los rusos sufre una ceguera. Descuida una verdad esencial. Los americanos y los ingleses también estuvieron entre los vencedores. Y no por eso necesitaron ser dirigidos por asesinos de su propio pueblo. Obtuvieron la victoria sin Gulag, sin represión interior, y sin necesitar comisarios políticos para formar las unidades combatientes, como era el caso en el Ejército rojo.

D. R. – La mística de la sangre impregna las Memorias tardías de Molotov, el fiel brazo derecho de Stalin. Se confiesa al final de su vida en un libro de entrevistas que hace temblar. Durante un cuarto de siglo, unió su firma a la orden de ejecución de cientos de miles de inocentes. Ningún remordimiento lo inquieta. Al contrario, se mofa secamente de la «sensiblería pequeñoburguesa». Reivindica la «necesaria dureza socialista».

H. C. E. — Los bolcheviques exaltan esta noción de *tverdost*: la dureza, la firmeza. La palabra puede entenderse en sentido bueno o malo. Para ellos, se trata de una suprema cualidad. Lo manifiestan por sus seudónimos «proletarios». Djugachvili se rebautizó como Stalin, el «hombre de acero». Skriabin devino Molotov, formando su nombre con la palabra *molot* «el martillo».

D. R. — Lenin hilaba la metáfora a su manera, se puso «culo de hierro».

H. C. E. — Lenin tenía aún la ironía fina de un intelectual. Eso también lo perdió.

D. R. — De creer a Molotov, la URSS no podía sobrevivir más que en «la extrema tensión de las fuerzas». En su coherencia monstruosa, los hechos le dan la razón. El comunismo soviético nació de la guerra y se regeneró en ella:

Primera guerra, guerra civil, terror, Segunda guerra, Guerra Fría. Gorbachov intenta corregir el régimen y perpetuarlo en la paz; el régimen lo expulsa.

H. C. E. — Se toca aquí con el dedo un resorte esencial de la desgracia rusa. Tuve una especie de iluminación, en mis comienzos como historiadora, al leer un corto texto de Lenin. *La Nueva Democracia* revela la naturaleza del personaje y el sentido que él dio a los acontecimientos. El artículo está redactado en 1912. La Rusia zarista se moderniza. Se entrevé una liberación. El país puede tomar el camino de Occidente. Lenin lo admite. Pero, en lugar de alegrarse por eso, él presiente un peligro mortal. Para él, una Rusia *feliz* sería el peor escenario. Necesita la desgracia. En esta condición, se impedirá la llegada de la libertad «burguesa» en la que el pueblo está dispuesto a revolcarse, si el Partido no le obliga a marchar hacia la salvación comunista. Cuanto peor vayan las cosas, más grandes serán las oportunidades de los bolcheviques para apoderarse del poder. Entonces, por fin, harán tabla rasa, y abrirán la ruta hacia el «radiante porvenir». Ya conoce usted lo que sigue. Dos años más tarde, la Gran Guerra ofrece a Lenin la ocasión inesperada.

D. R. — ¿Sigue Vladimir Putin una inclinación comparable? Ya nada comunista, sino la intuición de que la grandeza rusa tiene todo que perder en un tranquilo bienestar en cuesta abajo, mientras que las naciones competidoras toman vías ascendentes. Estados Unidos, China, India superan a Rusia cada vez más, por la demografía, la economía, el comercio, la técnica. La Unión Europea se extiende por la libre elección de los pueblos. En la paz, una decadencia inexorable se perfila ante los ojos de Putin. En la guerra, ¿puede él entrever otro campo de posibilidades, una recomposición de las alianzas, un segundo frente asiático entre China y Estados Unidos?

H. C. E. — Puede ser. ¿Pero qué debe sacar de todo eso, sino regresar a la era Brézhnev, es decir, al periodo de la estancación? La Unión Soviética se agotaba en la carrera de armamentos. El 40 % del Producto Interior Bruto era devorado por el complejo industrial militar. Vladimir Putin está quizá a punto de volver ahí, en efecto, de una forma aún más agresiva y alarmante.

D. R. – ¿Se acuerda de la palabra asesina del canciller alemán Helmut Schmidt? Se burlaba del envejecido imperio soviético: «La URSS es el Alto Volta, con los cohetes nucleares añadidos».

H. C. E. – Ahí es donde se arriesga Rusia a volver a caer. El aventurismo belicoso no lleva a ninguna parte, salvo a los crímenes de guerra y al peligro de la conflagración general. ¿Cree Putin que está impidiendo una bajada rusa? La sufrirá en todo caso. La caída no será sino más ruda. Él no puede nada contra la libertad de los ucranianos de bascular hacia el oeste. Nunca volverán al seno moscovita. Él se ilusiona con los rusos mismos. Los jóvenes de Moscú y de San Petersburgo no conciben su porvenir en Asia. Miran hacia Europa. Recordemos los cientos de miles de rusos huyendo en los albores de la guerra de Ucrania. Ellos «votaban con los pies», como se decía de los alemanes del este que se iban fuera de la prisión totalitaria en 1989. El movimiento de la historia no se detiene. Ante el nuevo mundo, Europa cambiará también. El momento occidental toca a su fin. Me pesa en el corazón decirlo. Debemos adaptarnos, hacer valer nuestras ventajas. No servirá de nada lloriquear. Y todavía menos desencadenar una guerra.

D. R. — Para nosotros, los mansos europeos, la idea misma de la guerra preventiva ha devenido indefendible. Nos parece un vértigo de potencia y un crimen de agresión. ¿Es ese el caso en el resto del mundo? Estados Unidos invadió Irak. George Bush fue reelegido a pesar de sus equivocaciones. Los americanos han formado un bloque por largo tiempo. Puede que intenten un día algo para contrarrestar la progresión china. Y quizá tendrían razón. Recuerdo una conversación con John McCain. Él decía: «Se nos reprocha haber mentido para atacar a Irak. Sea. Pero al final, somos la nación del bien. Si nosotros, las democracias, no somos imperialistas, las dictaduras lo serán en nuestro lugar. Hay que elegir campo». Desde el punto de vista de las democracias liberales, se puede sostener el argumento.

H. C. E. — Pues bien, yo, aun en nombre de la democracia, me guardo de ese género de sofisma. Nunca me han gustado los «radiantes porvenires», cualesquiera sean. Hay que desconfiar de los fines que justifican los medios.

D. R. – Muy bien. Pero, a fin de cuentas, ¿no acaba esta loable moderación por favorecer a los regímenes autoritarios? Nos las hemos arreglado con la dictadura soviética, luego con el régimen de Putin. Nos acomodamos con China. Comerciamos alegremente con su imperio totalitario.

H. C. E. – No estoy de acuerdo. Lo importante es no estar engañado. En los años 1960 y 1970, me sentía bien sola en la Sorbona y Ciencias políticas. Eminentes profesores peroraban sobre los beneficios del plan quinquenal de Moscú. Los estudiantes bebían sus palabras. Es verdad que todos estaban bien abrigaditos en París. Durante ese tiempo, las mujeres soviéticas se mataban haciendo tres horas de cola ante los almacenes vacíos, cada día, en invierno y en verano, para alimentar a sus familias. Yo contaba lo que había visto con mis ojos, pero muchos colegas se desinteresaban de la realidad. Me miraban como una amable reaccionaria. Preferían dedicarse a estudios marxistizantes sobre el precio del pan en la Edad Media.

D. R. — Considerarla reaccionaria era injusto. Hubiese podido llegar a serlo siguiendo una pendiente natural, como tantos exiliados rusos. Y, sin embargo, nunca ha sido una cruzada del anticomunismo. ¿Por qué?

H. C. E. — Pongo la lucidez por encima de todo. Se me atacaba desde los dos lados. Para los comunistas, yo era evidentemente una adversaria. En el campo opuesto, los anticomunistas virulentos me reprochaban mi ausencia de vigor militante y me culpaban por viajar a la URSS. Los más obsesivos se distinguían por lo demás entre los antiguos estalinistas. La furia del convertido los animaba. Por mi parte, quería constatar las realidades. Recorría el país en todos los sentidos. Aunque no ocultaba nada de la naturaleza odiosa del régimen, precisaba también los matices. Por ejemplo, la educación soviética era de excelente calidad. En cuanto a los dirigentes, la época de los fanáticos había pasado. En general, eran tipos bastante mediocres, ocupados en hacer carrera. ¿Hubiese debido, por la buena causa, emborronar un cuadro que era ya tan sombrío?

D. R. – No tiene ni una fibra de mojigata. Hablábamos recientemente de la corrupción. Me hacía el elogio de Mazarino, prevaricador de genio.

H. C. E. – ¡No irá a decir que yo alabo esas prácticas! Decía que el palacio del Instituto y la Academia le deben mucho al legado del cardenal, que sería dinero «sucio» según nuestros criterios actuales. Me gusta mucho el personaje de Mazarino, su manera suave de reinar.

D. R. – Ya conoce la definición: Mazarino tenía mucho espíritu, pero no tenía nada de alma.

H. C. E. – Cuando el alma y el espíritu van juntos, es mejor. Compréndame bien. No defiendo la amoralidad. La concusión es un azote. La he combatido personalmente cuando era diputada europea. Pero me divierte la falsa ingenuidad occidental. El puritanismo anglosajón oculta otras formas de influencias, que se codifican de modo diferente. Una gran parte del mundo funciona según las costumbres de Mazarino, de Richelieu o de Talleyrand, que mezclaban gallardamente su cajita personal y las cuentas públicas. Veo que la Unión Europea da lecciones a Ucrania sobre este asunto. En Rusia, es un mal aún más profundo, la corrupción forma parte integrante del sistema.

D. R. – ¿Incluso eso es una continuidad entre la URSS y la Rusia de Putin?

H. C. E. – Los rusos están acostumbrados. En distintas épocas, hubo que dejarse «quitar» rublos por el médico que te cuida, el policía que cierra los ojos sobre una infracción, el funcionario que hace avanzar tal o cual dossier. Eso llega hasta las sumas colosales intercambiadas a escala de los oligarcas, que tienen tanta relevancia en la Rusia de hoy. Al mismo tiempo, Putin ha comenzado su reinado instalando una fuerza de seguridad, a la vez política y económica, hasta ahora desconocida por los rusos. No se debe olvidar nunca ese factor, que explica su capital de popularidad inicial. Eso no atenúa en nada los crímenes de guerra, sobre todo en Ucrania, o la naturaleza policíaca de su régimen.

D. R. – Hablemos justamente del Estado policiaco. ¿De dónde viene su rol sin medida, en todas las edades de Rusia, desde los zares hasta Putin?

H. C. E. – La policía secreta es un instrumento primordial desde los comienzos del Estado centralizado, en el siglo XV, bajo el reinado de Iván III. Se renueva sin cesar desde entonces. Al final del Antiguo Régimen, se había alcanzado un alto grado de sofisticación. En 1881, el asesinato de Alejandro II marca una época. La Ojrana tiene por misión prevenir los atentados. Infiltra toda la sociedad empleando muchos indicadores, agentes dobles y provocadores. Sin embargo, eso no bastará para salvar el régimen.

D. R. – Esta fuerza, con su propia debilidad, es típica de los regímenes policiacos. Tienden a sobrestimarse. La pasión por la información y la obsesión del complot reducen el campo de visión. Al final, el destino es siempre más imprevisible que un dossier de policía.

H. C. E. – Tiene la ilustración en lo que ha pasado en Ucrania. La resistencia de Kiev y el carácter de Volodimir Zelensky han desbaratado los planes de los rusos. Sin duda, Vladimir Putin ha sido mal informado por sus servicios. Debe atribuirlo a sí mismo. La mentalidad que describe usted le corresponde. Sigue siendo un oficial del KGB que tiene poca experiencia personal de la vida cotidiana occidental. Es en Alemania del este donde estuvo destinado, antes de la caída del Muro de Berlín. La «cultura del informe policial» había llegado al colmo en esta sociedad enteramente dominada por la Stasi.

D. R. – ¿El proyecto de la Ojrana zarista de cartografiar la totalidad de la sociedad, mediante fichas relacionadas entre sí, prefiguraba este control totalitario?

H. C. E. – Sí y no. La policía zarista no era tierna. Sin embargo, se produjo un cambio de naturaleza con la llegada de los bolcheviques. El terror por el terror, la masacre de categorías enteras de la población, hambrunas organizadas, la inhumanidad absoluta en los campos, todo eso aparece con la dictadura comunista. El fundador de la Checa, Félix Dzerzhinski, es un iluminado. Una pasión dogmática lo consume. Se le apoda «Félix de hierro». Ha pasado una gran parte de su vida en las prisiones del zar y este conocimiento íntimo del mundo penitenciario le ha hecho tanto más temible. El primero de los chequistas va a aplicar a sus víctimas un tratamiento mucho más despiadado del que él había recibido.

D. R. – A la caída de la URSS, yo preguntaba a generales del KGB, unos seguían en el aparato del Estado, otros habían pasado a la economía de mercado. No tenían gran cosa en común con la ascética de Dzerzhinski. Se impacientaban sobre todo por adquirir trajes Brioni y relojes Patek Philippe. Pero no estaban desprovistos de convicciones. Su conservadurismo y su nacionalismo prefiguraban el régimen actual. Y guardaban una curiosa fidelidad a ese título de chequista.

H. C. E. – Sí. Un espíritu de cuerpo ha atravesado el tiempo. Esa gente se considera como una casta de «dominantes» por naturaleza. Alzan el cuello. Han terminado por convencerse de que son una elite, y ese es el caso, en efecto, en el interior del sistema. Al final de la Unión Soviética, el KGB reclutaba a los mejores elementos.

El FSB actual mantiene ese complejo de supe-rioridad. Ser de ellos, es pertenecer a una pirá-mide que os protege.

D. R. – Un general del KGB me dijo, adop-tando un aire de gravedad filosófica: «¿Quiere saber el secreto de una vida feliz? Es senci-llo. Hay que tener un buen jefe y obedecerle en todo».

H. C. E. – Es la idea de la *protección*. Es carac-terística de los comunistas, de los fascistas o de los mafiosos.

D. R. – En sus recuerdos de Auschwitz, Pri-mo Levi ha escrito páginas destacadas sobre la *protekcja,* tal como se decía en Auschwitz en polaco o en yiddish. El hecho de obtener la protección de un capo, a su vez protegido por un SS, hacía aumentar bruscamente las posi-bilidades de supervivencia. El autor amplía su análisis. Los colaboradores de todos los países ocupados por el Reich entraron en el mismo engranaje, comprometiéndose cada vez más en la mecánica del crimen. Así, el régimen de Vichy y los «collabos» franceses.

H. C. E. — Esta ley no escrita se imponía en los campos soviéticos exactamente de la misma manera. Entre los prisioneros, la jerarquía de los *caïds* procedentes del hampa ejercía su poder sobre los presos políticos. Su brutalidad los hacía auxiliares eficaces de la administración del Gulag.

D. R. — Al oírla, se puede suponer que el *Lager* alemán y el *Gulag* ruso eran mucho más que medios de represión y de exterminio. Expresaban el principio esencial de esos regímenes.

H. C. E. — Siendo eso, las utopías totalitarias terminan siempre por chocar con la realidad. Esos sistemas de poder encuentran sus límites: sucede que los lobos se devoran entre ellos. Se mataron unos a otros en las purgas de los años 1930. En todo tiempo, se dividieron en capillas y bandas. El mito de la Checa y la fascinación de su violencia han dejado un recuerdo magnético. Eso no es ya ideología. Es una cultura de la fuerza. Están orgullosos de ello. El otro es el débil. Para comprender la Checa y sus avatares, la GPU, el NKVD, luego el KGB, que se convertirá en el FSB, hay que recordar un momento original de la Rusia bolchevique. Es el

asesinato de la familia imperial, en Ekaterinburgo, en julio de 1918. Al principio, se discutió
la posibilidad de un proceso público. El modelo francés está presente en todos los espíritus.
Algunos abogan por una puesta en escena impresionante, según el modelo de Luis XVI. Ese
era de hecho el estilo de algunos bolcheviques,
que se lanzaban a reencarnar a Robespierre o
Saint-Just. Pero muy pronto, ese romanticismo
revolucionario quedó barrido. Lenin quiere llegar a la sangre, y enseguida. Hay que arreglar
el problema sin frases. Se liquida a esta desgra-
ciada familia al fondo de un sótano, en un des-
encadenamiento bárbaro. Habrá que esperar a
1998 y Boris Yeltsin para honrar dignamente el
recuerdo de los Romanov. La memoria de los
zares ha sido rehabilitada. Putin se jacta con
gusto de ser el continuador de Pedro el Grande.
Pero el contraste fundamental está ahí. Entre el
proceso de Luis XVI y la matanza expeditiva de
Ekaterinburgo, tenemos la brecha que separa
los dos mundos.

D. R. – ¿Conoce ese librito espantoso, *El Chequista* de Vladimir Zazubrin, escrito en 1923?
El autor se burla de la Revolución francesa y de

la guillotina, que «hacen publicidad al enemigo» y le dan «la aureola del mártir». En su vértigo chequista, Zazubrin celebra «la ejecución secreta, en una cueva». Alardea de la «tajadera de carne», donde la víctima pierde hasta su nombre. La expresión corría durante las purgas de los años 1930; resurgió en el vocabulario del Grupo Wagner y de su jefe Yevgueni Prigozhin.

H. C. E. — Sí. Desde ese punto de vista también, la guerra de Vladimir Putin hace renacer fantasmas bárbaros.

D. R. — ¿Cuáles han sido sus primeras experiencias del KGB?

H. C. E. — Eso nos lleva a comienzos de los años 1960. Yo descubría la Unión Soviética. La desestalinización estaba presente: ya no era cuestión de la «tajadera de carne». El KGB actuaba de manera más selectiva y más racional. No estaba por eso menos omnipresente. Estuvieron a punto de detenerme a causa de un malentendido. Yo acompañaba a un sabio, especialista en epizootias. Como yo era bilingüe, el organizador de la conferencia me confió la interpretación. Me falta la jerga científica. Un oficial intenta hacerse conmigo: «Es usted tan intérprete como yo prima ballerina». Eso no tuvo consecuencias. Luego, en cada visita, me sabía seguida. Verificaba el estado de mi equipaje varias veces al día. Los provocadores podían deslizar ahí panfletos «antisoviéticos» para comprometerme. En varias ocasiones, sin embargo, eso no me ha impedido tener contactos cordiales con la población. En las repúblicas de Asia central, lejos de Moscú, el control policial se relajaba. ¡Yo tenía éxito, ya sabe! Me han hecho propuestas de matrimonio en las profundidades de Kazajstán y de Uzbekistán. Eso era muy divertido.

D. R. – Desde hace treinta años que la trato, la oigo puntuar siempre la conversación así: «Era divertido».

H. C. E. – ¡Es verdad! Me divertía. Hace falta. Sobre todo cuando la suerte nos parece contraria. Cuando era niña, mi madre se ocupaba de enseñarme buenos modales. Eso daba lugar a escenas de una cierta comicidad. Ella me enseñaba a hacer una maleta como una «dama». Los criados debían colocar delicadamente los vestidos, plegándolos en grandes papeles de seda. Inútil decirlo: no teníamos ya ni seda ni criados. Entonces, se tomaban periódicos viejos, se disponían nuestros modestos vestidos con un cuidado meticuloso —y terminábamos estallando de risa—. Figúrese que yo he guardado esas maneras. Me compro un lujoso papel de seda, y como no soy insensible a los vestidos bonitos, mi ropa está impecable, donde quiera que viaje. Me preguntan: ¿cómo lo hace? Cada vez que desembarco en cualquier parte, al abrir la maleta, pienso en mi madre con ternura.

D. R. – Me ha alabado el programa volteriano: mucha jovialidad, mucha ironía.

H. C. E. – Voltaire, es admirable. Me gusta por encima de todo. La jovialidad y la ironía os sacan de apuros. Os liberan de falsas autoridades. Recuerdo una visita al mausoleo de Lenin con François Mitterrand. El presidente me había convidado a su lado. Los soviéticos nos habían preparado el más pesado de los protocolos. Nos aburríamos de veras. Y de repente, ante el cuerpo, empezó a subirme una risa loca.

Teníamos todas las penas intentando reprimir-la. Mitterrand y yo nos mordíamos los labios, él murmuró con un aire reprimido: «¿Cree que es el verdadero? —No, señor presidente. Es de plástico, de la cabeza a los pies».

D. R. – Exagera. Bajo los revestimientos, el cadáver embalsamado bien puede subsistir. Yo soy más impresionable que usted. Cada vez que la he visto, esta momia me ha dado vértigo. Se tiene delante al genio sombrío que ha grabado la utopía en la carne humana, al precio de millones de muertos, y su fantasma nos persigue, hasta en la dictadura china que gobierna una gran parte de la humanidad.

H. C. E. – Eso es incontestable, Lenin está hecho del metal más duro.

D. R. – ¿Cómo comprende su tenacidad casi sobrehumana?

H. C. E. – Es uno de los personajes que más he estudiado. Lenin vive como un burgués muy clásico, muy organizado. Tiene su esposa, Na-dejda Krupskaïa, que le ayuda con su notable inteligencia y le alivia de los problemas de intendencia. Tiene su amante, Inés Armand. Tiene sus pequeñas costumbres en la biblioteca. Es además un intelectual relativamente refinado. Se jacta de hablar un ruso de calidad. Pero todo su ser arde de fanatismo. No hay que dejarse engañar por esa broma según la cual su herencia habría sido deformada. Lea su correspondencia. La palabra «fusilar» sale de su pluma a cada instante. Sus órdenes resuenan como metralla: ¡matad! Matad a los campesinos, los opositores, los curas, los burgueses, los obreros huelguistas. Todo debe ser arrestado, colgado, pasado por las armas, confiscado, requisado, el pueblo entero nivelado, para que llegue *el hombre nuevo*. Lenin manda quemar y a veces gasear pueblos enteros. Gasear, ¿se da cuenta? Es el creador de los campos de concentración llamados a proliferar en el «Archipiélago Gulag».

D. R. – Hay lugares donde su espíritu parece aún flotar. Se le siente en el palacio de la Kschessinska, en San Petersburgo. Es ahí donde pronuncia su discurso de regreso del exilio, en abril de 1917. Lenin desembarca del tren que Zweig compara al obús «que hará explotar el orden del tiempo». Cautiva a todo el mundo ordenando la estrategia más extrema. Los camaradas se preguntan «si el viejo se ha vuelto loco». Pero es *el viejo* quien tiene razón. La intransigencia total les abrirá las puertas del poder.

H. C. E. – Le sigo enteramente. Todo eso tiene algo de lo que asustarse. Esta bifurcación de Rusia, en 1917, nos enseña que las democracias no deben bajar la guardia. Se olvida eso frecuentemente. Antes de la revolución de octubre venía la de febrero. El golpe de Estado bolchevique no rompió una «mala» dictadura zarista reaccionaria. Ha revertido un régimen parlamentario. De manera simétrica, los nazis destruyeron la República de Weimar.

D. R. – ¿Saca de eso una conclusión conservadora? ¿Una desconfianza ante toda pulsión revolucionaria?

H. C. E. – ¿Quiere decir que soy una mujer de derechas?

D. R. – Precisamente.

H. C. E. No. Yo soy centrista. Reivindico esta etiqueta, con lo que puede tener de prudencia. Todo exceso me da miedo. En 1917, el camino de la libertad se abría ante Rusia. Pero ella tomó la otra vía.

D. R. — Raymond Aron dijo que Churchill fue el único demócrata lo bastante guerrero, bastante «rabioso» para estar verdaderamente a la altura de los dos rabiosos contrarios: el nazi y el estaliniano. Su plan secreto de 1945, previendo proseguir la guerra, volviéndose contra Stalin, supone una audacia inimaginable.

H. C. E. — En teoría, sí. Churchill dio pruebas de una coherencia admirable. Pero, en la práctica, ¿quién le hubiese seguido? Él lo sabía. Los mismos americanos glorificaban a Stalin, nuestro «aliado de la Victoria». Algunos años más tarde, en 1949, la cuestión no se planteaba ya. El mundo había entrado en el equilibrio del terror. Los soviéticos, a su vez, habían adquirido la bomba. Luego, pongámonos en los decenios de la posguerra. El totalitarismo gozó de poderosos apoyos. El noble Éluard, el autor del poema *Liberté,* se hace panegirista de Stalin.

Escribe esos increíbles versos dulzones donde celebra el «cerebro de amor» del dictador. Aragón hace el elogio de los matarifes de la policía soviética. Sartre afirma que «la libertad de crítica es total en la URSS». Cuando mi recepción en la Academia, Michel Déon ha recordado la letanía de esas tristes tonterías. Reconozca, con todo, que todo eso es bastante abrumador.

D. R. – El historiador François Furet lleva el asunto más lejos, cuando echa una mirada sobre su juventud en el Partido. Confiesa la terrorífica paradoja. Su fe comunista no se había conmovido por las mentiras y el recurso a la sangre. Al contrario, se alimentaba de eso. Un tal voluntarismo salvaje les atraía, a él y a sus camaradas. Parecía indicar el famoso «sentido de la historia». Se encuentra una fascinación paralela en los intelectuales fascistas.

H. C. E. – Nunca he sido sensible a ese género de excitación.

D. R. – Sin embargo, el comunismo y el nacionalismo son grandes pasiones. ¡Han arrastrado a tantos pueblos!

H. C. E. – Reconozco esas fuerzas. Pero no comprendo el encanto que han podido ejercer. Para mí, son imaginaciones descompuestas.

D. R. – En el *Diccionario filosófico,* Voltaire «ciudadano del universo» llega hasta a desconfiar de la noción de patria. Un patriota tiende forzosamente a querer a su país más fuerte en detrimento de las demás naciones.

H. C. E. – Yo no llego hasta a eso. Soy muy patriota, muy francesa, e incluso un poco chauvinista. Sin embargo, a partir de cierto umbral, toda ideología deviene peligrosa.

D. R. – ¿Hitler y Stalin son la misma cosa?

H. C. E. – Una misma cosa, absolutamente. Veo ahí las dos caras de una monstruosidad. Un idéntico desprecio por la persona humana.

D. R. – Se denuncia a los extremistas atraídos por los regímenes de hierro. Pero, de hecho, la diplomacia razonable ¿no llega al mismo resultado? Por *Realpolitik,* hemos tratado con Mao y con Brejnev. Tratamos más que nunca con Xi Jinping.

H. C. E. – Sea. ¿Pero en qué riman esos concursos de virtud? Al final, son los pueblos los que deciden. Me gustaría hacer justicia a los soviéticos. Ellos solos han sacudido el yugo, después de setenta y cinco años de tiranía. Eso se hizo en Moscú, en Kiev, en Vilnius, en Tiflis. Y no en París, Londres o Washington. La humanidad debe dar las gracias a los rusos, a los ucranianos, a los bálticos, a los georgianos, a los demás pueblos de la URSS, por su vitalidad, por su valor. Un imperio renunciaba a ser un imperio. ¿Ha conocido algo semejante en la historia? Es extraordinario, ¿no?

D. R. – Hace poco caso de la acción exterior. ¿Y Ronald Reagan, y Margaret Thatcher, y Juan Pablo II, y Lech Walesa? ¿Y la carrera de armamentos, llevada a toda costa por los americanos? ¿Y la manipulación hábil de los precios del petróleo para quebrantar a los soviéticos?

H. C. E. – Todo lo que quiera. Pero la decisión pertenece solo a los pueblos. ¿Por qué queréis que la luz venga siempre de Occidente? ¿No tenemos lecciones que dar? ¿Quiere un ejemplo? Vea el proceso de Nuremberg, ese modelo de la justicia internacional, que Europa ha dado al universo, para fundar el orden del mundo después de 1945. ¡Hacía falta, por supuesto! Según lo veo, se debería haber juzgado a más jefes nazis. Pero está la realidad embarazosa que se deja siempre bajo un velo. ¿Quién condujo las acusaciones en Nuremberg, al lado de los americanos, los ingleses y los franceses? Fue la URSS de Stalin, que nada en la sangre de sus propios crímenes, esta URSS que firmó con Hitler el pacto germano-soviético, permitiendo despiezar Polonia y cometiendo masacres en masa, en Katyn, donde la flor y nata de la sociedad polaca fue aniquilada. En las audiencias, se asiste a una escena espantosa. Un día, se presenta Vychinski en medio de la delegación soviética. El procurador de los procesos de Moscú, uno de los peores matarifes de la historia totalitaria, viene a dar su bendición. Todo el equipo de procuradores y jueces soviéticos da motivos para disgustarse. Uno de ellos condenó a prisión a víctimas de Stalin. Otro participó en el proceso amañado de los resistentes polacos, detenidos por el NKVD. El resto es de la misma cordada. Todo el mundo lo sabía. Todo el mundo miró al suelo.

D. R. – ¿Qué moraleja saca de eso?

H. C. E. – Nos llenamos de misericordia cuando se trata de nosotros mismos. Imagine un instante. Si, en lugar de hacerlo Occidente, Asia o África hubieran organizado su gran proceso histórico haciendo sentar a criminales de guerra y genocidas entre los acusadores. ¿Se presentaría ese tribunal como el progreso del derecho que debe inspirar a la humanidad? Eso expresa cómo nos tomamos por el centro del mundo –que, por otra parte, cada vez lo somos menos.

D. R. – Hay grados. En Francia perdura una tradición de indulgencia con Moscú. De Gaulle es un ejemplo. En 1965, mientras que el imperio soviético tiene en su puño la mitad de Europa, él hace de la amistad franco-rusa un modelo histórico: «Es de la guerra entre Napoleón y los rusos de donde proviene nuestra decadencia. (...) El del interés de Francia tener buenas relaciones con Rusia. Siempre ha sido un periodo próspero de nuestra historia, cuando Francia estuvo en buenas relaciones con los rusos».

H. C. E. – De Gaulle siempre fue fiel a dos principios, que no son contradictorios más que en apariencia. Cada vez que los intereses vitales de las democracias occidentales están amenazados, se trata de hacer frente común. Pero, simultáneamente, hay que intentar construir una alianza europea que pueda un día incluir a Rusia.

D. R. – Esas ideas de una «Europa del Atlántico a los Urales» o de «casa común europea» siempre han quedado en estado gaseoso. Los ingleses y los americanos nunca han creído en eso. ¿Y usted?

H. C. E. – Yo lo creo. Con una Rusia por fin democrática, respetada y respetable. No es cosa de sentimiento, sino de interés bien entendido. De Gaulle no se hace nunca ilusiones con la Rusia soviética. Pero tiene la visión y se considera el actor de ese gran destino. Primer acto: en junio de 1940, presiente que el pacto germano-soviético no perdurará. Espera con certeza la apertura del segundo frente en el este. Está persuadido de eso. Significará para Hitler el comienzo del fin. Segundo acto, en 1942, valora que franceses sean compañeros de combate de la URSS. Así nacerá una fraternidad de armas única, uniendo a soldados occidentales y soviéticos: los aviadores heroicos del regimiento de cazas Normandía-Niemen. Tercer acto, en 1944: al terminar la guerra, hace el viaje a Moscú. De Gaulle sabe que debe jugar con finura. Roosevelt no puede verlo ni en pintura; Stalin desprecia a Francia. Pero él debe contar con el primero y necesita al segundo. Algo se olvida a veces: en la Liberación, los americanos estudian la posibilidad de instalar un gobierno militar para administrar Francia. Washington y Moscú nos alinean entre los países vencidos. Le toca a de Gaulle colocarnos en el bando de los vencedores. Necesita para eso el apoyo de Stalin. A este precio, Francia figurará entre los cinco miembros permanentes del Consejo de Seguridad.

D. R. — Ese viaje de 1944 da lugar a las más bellas páginas de sus *Memorias*.

H. C. E. — Me alegra que lo diga. Nunca se escribió algo más profundo sobre Rusia. El texto del encuentro con Stalin ilumina tres siglos de historia. Me lo sé de memoria:

Stalin estaba poseído por la voluntad de poder. Roto por una vida de complots que enmascaran sus rasgos y su alma, pasa de ilusiones, de piedad, de sinceridad, ve en cada hombre un obstáculo o un peligro, todo en él era maniobra, desconfianza y obstinación. La revolución, el partido, el Estado, la guerra, le habían ofrecido las ocasiones y los medios de dominar. Había llegado a eso (...) poniendo en juego una audacia y una astucia sobrehumanas, subyugando o liquidando a los demás. Desde entonces, solo frente a Rusia, Stalin la ve misteriosa, más fuerte y más duradera que todas las teorías y que todos los regímenes. La amó a su manera. Ella misma lo aceptó como un zar por el tiempo de un periodo terrible (...). Su suerte fue haber encontrado un pueblo hasta tal punto vivo y paciente que la peor servidumbre no lo paralizaba, una tierra llena de tales recursos que los más espantosos despilfarros no podían agotarlos, aliados sin los cuales él no hubiese vencido al adversario, pero que, sin él, ellos no lo hubiesen abatido.

D. R. – ¿Es esta la ocasión de recordar que los generales son a menudo los mejores estilistas? De Gaulle, Tucídides, Sófocles. Y César, evidentemente, del que Montaigne alaba la elegancia brutal y la rapidez *soldadesca* de la acción y de la escritura.

H. C. E. – Olvida a Bonaparte, que poseía un gran talento de escritor. Es verdad que para Rusia no ha tenido tan buena mano.

D. R. – En este capítulo, ¿qué piensa de Emmanuel Macron? ¿Sigue a de Gaulle?

H. C. E. – Sí. Emmanuel Macron da pruebas de finura de análisis. Cuando convida a Vladimir Putin a Versalles, en 2017, recuerda elegantemente 1717 y la visita de Pedro el Grande. Luis XIV había muerto dos años antes. El Regente le había sucedido. Él se interesaba más por Rusia. El zar, por su parte, manifestaba su deseo de apertura europea. Tres siglos más tarde, el presidente francés muestra que es sensible a la historia. Pero, al mismo tiempo, inflexible sobre las cuestiones de seguridad. Siempre ha buscado el mismo equilibrio respecto a Ucrania, tratando de dialogar con Moscú, sin ceder en nada sobre el derecho internacional. Francia tiene de qué estar orgullosa. Emmanuel Macron es el contraejemplo absoluto de Barack

Obama. De todos los presidentes americanos, habrá sido el más catastrófico.

D. R. – ¿Por qué esa severidad?

H. C. E. – Obama realizó la peor combinación que puede darse. En su política con Moscú, se muestra duro en palabras y débil en acción. Califica tontamente a Rusia como «potencia regional». La insulta burlándose de su PIB. Para los rusos, eso acredita el prejuicio de una inculta arrogancia americana, que desconoce la historia. Luego, agrava su caso por la apatía de que hace gala en 2013. Renuncia a intervenir en Siria, a pesar de los ataques químicos perpetrados por Bashar al-Ásad, el aliado de Vladimir Putin. Estados Unidos había jurado hacerlo. Faltan a su promesa. Esta actitud nos ha causado un gran daño.

D. R. – ¿Hay una ceguera respecto a la «Rusia eterna»? En su correspondencia, vuestro querido Voltaire corteja desvergonzado a Catalina II. Él se rebaja. Aprueba la partición de Polonia. Ridiculiza a los franceses que parten al combate para defender la libertad polaca.

H. C. E. – Espere. Catalina II no era una santa. Merecía sin embargo el interés de los filósofos de las Luces. Voltaire y Diderot lo han comprendido, mucho mejor que algunos historiadores que la reducen a su autoritarismo, a su voluntad imperial, que es innegable, o al número de sus amantes. Por lo que respecta a la Francia de las Luces, se trataba de una pasión recíproca. Su gusto por lo francés era tal que anotaba sus dosieres en nuestra lengua.

D. R. – Observo aquí su retrato sobre un estante, en el centro de vuestra biblioteca. Es un poco su *rincón rojo,* como había en las isbas, allí donde los campesinos colocaban sus iconos.

H. C. E. – Yo no lo oculto. Admiro a Catalina II.

D. R. – Se os llama a veces «la emperatriz». Recuerdo haberla provocado después de la concesión de un premio literario que dirigió con mano de hierro. Vuestro candidato había ganado siete votos, sobre los diez miembros del jurado. El perdedor daba pena. Usted me respondió riendo: «Que se considere afortunado.

Le he dejado tres votos para honrarle. Si hubiese querido, obtendría cero».

H. C. E. — Exagera. Yo no soy tan despótica.

D. R. — Digamos: una déspota ilustrada. ¿Sabe que Ángela Merkel tenía también un retrato de Catalina II en su despacho?

H. C. E. — Eso me gusta. El personaje tiene de qué seducir. Hay que compararla con los soberanos de su tiempo. Catalina II ha jugado un rol pionero a la medida de Europa. Por ejemplo, ella instituyó la enseñanza para las mujeres en Rusia. Ese es, por otra parte, uno de los aspectos más atractivos del país. A pesar de las tragedias, y hasta bajo los regímenes más inhumanos, el pueblo ruso, incluidas todas las categorías, muestra su apetito por la cultura. En las horas más sombrías de la represión bolchevique, se lee poesía en las familias, se organizan charlas literarias, se ponen en escena los grandes autores de teatro. Hoy, en Rusia, se lee a Balzac más que en Francia. La madre de familia rusa sabe que a su hijo le podrán quitar todo menos el saber.

D. R. – Vuestra madre ha dado ejemplo de eso.

H. C. E. – Mi madre practicaba el culto de los libros. Era una fe desinteresada. Pero se reforzaba con la certeza de que se triunfa por la cultura. Toda mi educación viene de ahí. Luego, a mi vez, yo recibí esa gracia.

D. R. – Esa alegría parece intacta. Vuestro marido me dijo un día: «Hélène sigue siendo una estudiante».

H. C. E. – Sí. Es la cultura la que crea a la persona. Al principio, es un esfuerzo, luego un placer, y por fin una alegría. Cuando era niña, me habían obligado a aprender entero *Le Lutrin* [*El atril*] de Boileau.

D. R. – ¿*Le Lutrin*? Es un monumento de aburrimiento.

H. C. E. – Ah, no he sido yo quien le ha obligado a decirlo. Enteramente aburrido. Y enteramente en alejandrinos, ¡por favor! Pero eso forma la memoria. Eso os familiariza con la lengua. Los antiguos lo habían comprendido, mucho mejor que algunos pedagogos de hoy. Me quedan en la cabeza algunos versos que tratan de la piedad: «La esperanza a la frente alegre la apoya y la conduce», etc.

D. R. – «La esperanza a la frente alegre»: eso le va bien.

H. C. E. – Volviendo a pensarlo, ya ve, tengo aún el gozo de la escolar. Ya le conté mi avidez para leer a Homero. Nada ha cambiado.

D. R. – Chateaubriand guarda a Homero como viático. A lo largo de su vida, vende o pierde sus libros al paso de sus viajes o infortunios. Su único bien constante es un pequeño volumen de Homero anotado.

H. C. E. – Yo también, tengo mi pequeño Homero. Me sigue desde siempre. Guardo la misma fidelidad a Victor Hugo. Y a la literatura rusa, evidentemente. Quizá saqué la vocación de las novelas históricas de Pushkin, que mis padres habían traído al exilio. En nuestro cuchitril de exilados, no teníamos nada, salvo nuestras cajas repletas de libros. Un día, fui invitada a casa de una compañera de clase cuya familia estaba en mejor situación que la nuestra. Los muebles eran seguramente corrientes, pero para mis ojos aquello era Versalles. Volví a casa diciendo: «¡Mamá, si supieras lo preciosos que son. Parecen Luis XV!». Ella replicó reaccionando: «Tú les dirás que, en nuestra casa, son Luis Cajas».

D. R. – Vuestra madre no se equivocaba. Crecer en «Luis Cajas» os ha abierto una excepcional carrera.

H. C. E. – En mi familia materna particularmente, el saber contaba tanto como la posesión material. Se trataba de una aristocracia de corte, viajando sin cesar a través de Europa y tejiendo relaciones de amistad y familiares un poco por todas partes. Mi madre había nacido en Florencia. Pensad que hablaba cinco lenguas. También las escribía, y sin la menor falta. Durante su primera infancia la habían obligado a un ejercicio extraordinariamente exigente. Cada día, debía practicar una de las cinco lenguas, exclusivamente. Luego, el ciclo recomenzaba. Estaba pues la jornada del francés, la de italiano, la de inglés, etc. ¡Eso es lo que amuebla el cerebro, y el carácter! A mí no me sometieron a un régimen tan riguroso. Sin embargo, mis padres tenían también sus principios. Me hicieron comenzar por el ruso, que se considera difícil, para que dominara el francés entretanto. Soy completamente bilingüe.

D. R. — Se dice que a los agentes secretos los descubren cuando tienen que contar en voz alta.

H. C. E. — Entonces yo sería una buena Mata-Hari. Cuento y sueño en las dos lenguas sin ninguna diferencia.

D. R. — ¿Estar repartida entre dos culturas hasta ese punto, ha sido una lección de relatividad?

H. C. E. — Seguramente. Puedo recordar el momento en que eso me sucedió. Nuestro profesor se había empeñado en contarnos la campaña de Rusia. En el mismo momento, mis padres me habían inscrito en la escuela rusa. Acudía los jueves, día libre por entonces. El miércoles, nuestro profesor francés nos administraba su versión. La causa ya se sabía: el invierno solo había producido la derrota de Napoleón. Ningún mérito tenían los ejércitos del zar. Al día siguiente, versión contraria. Los maestros rusos nos enseñaban la verdad inversa de manera también convincente y detallada. Había que atribuir los acontecimientos al genio superior de Kutuzov. El general en jefe había hecho caer en la trampa a los pretenciosos franceses. ¿Quién tenía razón? ¿Quién estaba equivocado? ¿Y en qué proporción? Todavía dudo hoy.

D. R. – ¿El exilio de vuestra familia, su pérdida de estatus social, su condición de apátrida, todo eso era doloroso?

H. C. E. – Sí y no. Mi temperamento optimista dominaba ya. Sobre todo encontré en la escuela la pasión que me arrastraba. Ya conoce la fórmula famosa, tan repetida: «Nuestros ancestros los galos». Para pueblos enteros, eso resume el colonialismo. Puedo comprenderlo. Pero a mí, ese título me encantaba. ¿Por qué no habría recitado: *mis ancestros los galos*? Yo pertenecía a la nación de Jeanne d'Arc y de

Richelieu, de Corneille y de Molière. Eso me parecía una evidencia y una felicidad a la vez. Y, sin embargo, mis ascendientes son rusos, georgianos, alemanes, suecos. No tengo ni una gotita de sangre «gala»…

D. R. – … y ha llegado a ser superlativamente francesa.

H. C. E. – ¡Ah, si supiera cómo he soñado llamarme Dubois o Durand! El momento crítico se situaba al comienzo del año. Los profesores pasaban lista de los alumnos. Tenía ganas de esconderme en una cueva como un animal herido. Al llegar a la letra Z, invariablemente tropezaban con mi apellido. Zou-ra-bich-vi-li. ¡Zourabichvili! Ese me parecía un nombre para guardarlo dentro. Tenía una compañera de clase, Mauricette, que se apellidaba con un nombre corriente. Debía ser Dupond o Martin o algo de ese género. Yo me decía: ¡Qué suerte tiene Mauricette!

D. R. – Se puede suponer lo que debió ser la elección para la Academia francesa. Diría: «Me parece entrar en el paraíso».

H. C. E. – Sí. Estaba feliz, absolutamente. El hecho de acceder al sillón de Victor Hugo ha sido mi segundo bautismo. Debería mejor decir: mi tercer. El segundo había sido mi naturalización francesa. Estaba tan impaciente que me precipité ante el juez de paz, el lunes, justo después del domingo de mi veintiún cumpleaños. Esa era en aquel tiempo la edad de la mayoría. Me había preparado como nunca. Esperaba una ceremonia grandiosa e impresionante. En lugar de eso, un hombre no muy animoso me recibió en un despacho sucio. Busqué en vano con la mirada una bandera tricolor. Le propuse cantar *La Marsellesa* y recitar la Constitución, que había aprendido *in extenso.* El tipo me miró con un aire de asombro, luego se apresuró a despedirme: «No se necesita todo eso. No me haga perder el tiempo. Firme aquí». Me sentí ofendida. Muchos años más tarde, he intentado cambiar eso, cuando participaba en la Comisión de expertos para la reforma del código de la nacionalidad. Adoptar una patria debe ser una elección solemne. No se puede devenir francés sin darse cuenta.

D. R. – En la lista de sus funciones, esta comisión es un ejemplo entre cien otros. Ahí donde tantos otros intelectuales se aburren, usted no parece nunca satisfecha de asuntos oficiales. Los premios literarios, los comités, las entregas de medallas, las largas solemnidades públicas bajo la lluvia o el sol de plomo, nada parece cansarla. A eso se añade una vida de madre, de abuela, y un trabajo de escritura muy disciplinado.

H. C. E. – Esa es la palabra: disciplina. Hay que sacar todo adelante. Me ocurrió perder algunas páginas de notas manuscritas. Los niños habían jugado con ellas. En ese caso, no se tiene tiempo para lamentarse. Es muy formador, hay que recomponer enseguida el texto que falta, antes de correr a dar la conferencia.

D. R. – Habría podido llevar una vida de universitaria tranquila y discreta. Las letras han sido para usted una pasión, pero también una carrera en las instituciones de la República.

H. C. E. – Eso ha venido naturalmente.

D. R. – Hacía falta para eso ambición.

H. C. E. – Trabajo, sobre todo. El resto ha seguido solo. Yo no hubiera imaginado entrar en la Academia. Henri Troyat vino a buscarme. En otras ocasiones, creedme, he sabido decir no. Como Jules Renard, tengo disgustos muy claros. Raymond Barre me había ofrecido ser ministra. No tenía ninguna gana de eso.

D. R. – Entre otros académicos, un retrato de Racine está ahí, en buen lugar en vuestro salón. ¡Qué destino! Un huérfano sin blanca, alimentado con la austera y admirable educación jansenista, pero muy hábil para elevarse en sociedad y en la corte, hasta llegar a ser un personaje cubierto de honores.

H. C. E. – No estoy segura de que ese sea el aspecto más halagador. Racine tenía fama de ser poco simpático.

D. R. – Por el contrario, se puede admirar ese gusto por el orden en el genio que ha sondeado las pasiones en su íntima oscuridad. ¿Ha leído su correspondencia? Es muy conveniente, muy lejana del borboteo de sus tragedias.

H. C. E. – Lo siento, no tengo su talento. Por lo demás, no le pareceré demasiado conveniente, espero.

D. R. – Vuestra hija Marina os describe como una madre capaz de sorprendentes fantasías. Tal o cual mañana, animáis a los hijos a faltar a la escuela. Llevan sus colchones a vuestra habitación, y todo el mundo toma el desayuno en la cama. Ella cuenta con ternura vuestra parte fantástica y vuestra parte púdica.

H. C. E. – Púdica, seguro. Mi madre me ha dejado la huella de una educación victoriana. *Never complain, never explain.* Nunca quejarse. No hay que explicar nada. Y se aprietan los dientes.

D. R. – Da siempre prueba usted de esa contención, cuando se trata de la desaparición de su padre en 1944, en Bordeaux, en la Liberación.

H. C. E. – Es verdad. El final de mi padre seguirá siendo un misterio. Había ido de un lado para otro en el camino caótico de los exilados rusos, primero taxista, luego empleado temporal. Había acabado por trabajar para los alemanes como traductor. Ese era un empleo muy por debajo de sus capacidades. Había cursado estudios brillantes en Heidelberg. Sin juicio, sin acta de acusación, su fin nunca pudo ser aclarado. La desaparición es una forma de duelo extremadamente difícil. No puedo decir más. Si hay algo que no soporto son los lamentos.

D. R. – En vuestro recorrido personal, como en vuestra visión de historiadora, la violencia trae siempre recuerdos.

H. C. E. – Soy una no-violenta en el alma.

D. R. – Sin embargo, cuando entró en la Academia, en medio de su discurso, arrojó bruscamente a la cabeza de esos Señores una cita de Jean Mistler y sus espantosos *animales muertos*: «Me pregunto si toda la filosofía de la historia no queda resumida por Heráclito en su *Panta Rhei*. No como el agua de un río que se desliza tranquilamente entre sus orillas, sino como las olas furiosas de una inundación que arrastran árboles arrancados y animales muertos». Eso me recuerda el exordio de Bossuet en su *Sermón sobre la muerte*: «Me será permitido abrir una tumba ante la corte...».

H. C. E. – Está en lo cierto. Soy una no-violenta contrariada, persuadida de que por desgracia la violencia es la ley en esta tierra. Eso no impide la esperanza. En mi espadín de académica, hice grabar la divisa sacada del *Sermón de la montaña:* «Bienaventurados los pacíficos».

D. R. – Quizá eso valga en el Reino de los cielos, ¿pero en el nuestro? Tengo aún en la oreja la predicción crepuscular de Gorbachov, por entonces octogenario: «Han sido necesarias dos guerras mundiales para establecer, cada vez, un nuevo orden en el mundo. ¿Hará falta una tercera? En nuestra era nuclear, eso implica otra pregunta: ¿quedará un mundo después de eso?».

H. C. E. – Nosotros los europeos habíamos olvidado que la guerra es la regla y la paz la excepción.

D. R. – Churchill y Lenin, tan enfrentados en todo, convergen en este punto. Lenin: «Los grandes problemas de la vida de los pueblos no se arreglan sino por la fuerza». Churchill: «Nada en la historia se ha arreglado de otro modo que por la guerra».

H. C. E. – Intelectualmente, comparto ese parecer. Pero soy inasequible al pesimismo. Hay siempre una luz de esperanza, como la lámpara del Santísimo que brilla en la penumbra de una iglesia.

D. R. – ¿Es creyente?

H. C. E. – Lo soy. La comunión de los santos es uno de los más bellos descubrimientos del cristianismo. Los muertos no están del todo ausentes. Entre ellos y nosotros, los vivos, hay un lazo que supera los límites del tiempo y del espacio. Un intercambio de gracias. ¿Y usted, es creyente?

D. R. – Yo soy escéptico por oficio, pero la pequeña luz roja que indica la presencia de un dios me conmueve también cuando entro en una iglesia —se crea o no—.

H. C. E. – Lo peor nunca está escrito. ¡Hay que creer, amigo mío! Es una manera sana de abordar la vida. Siempre he huido de los discutidores y los amargados, incluso en los pequeños asuntos cotidianos. Déjeme contarle una anécdota. Esto sucede después de la publicación de *El Imperio estalla* [*L'Empire éclaté*]. El libro apareció en 1978. Hizo el ruido que ya conoce. La traducción americana le dio un eco mundial. El título inglés, *Decline of an Empire,* está bien para llegar al público anglosajón. Imaginar el final de la URSS desafía las ideas establecidas. Todo ese alboroto comienza a molestar al Kremlin. Me convierto en un «objetivo», y veo insinuarse en mi entorno algunas personas un tanto demasiado curiosas. Una de ellas es un consejero de embajada muy simpático y erudito. Acabé por sorprenderle interesándose demasiado en mis papeles. Vio que le había visto. No cambié nada en mi actitud. Hemos seguido con conversaciones encantadoras, en que yo no le desvelaba nada estrictamente. Me lo encontré unos quince años más tarde. La URSS había ya caído. Me dio las gracias. Gracias a nuestros encuentros, había podido enviar a Moscú informes regulares, llenos de inútiles banalidades. Eso le había supuesto una promoción. Todo el mundo quedó contento.

D. R. — Esto es Carrère d'Encausse en estado puro. Otros se hubieran escondido en el rol de la víctima.

H. C. E. — Ya hay bastantes desgracias verdaderas para no incidir en lo trágico. La moraleja de esta historia, para mí, es que la virtud razonable acaba siempre por ganar. Ese tipo representaba a la nueva generación, mejor educada, más abierta, que iba a intentar enmendar el sistema y que acabaría por precipitar su caída. Os he hablado de las premoniciones de genio del general de Gaulle. Eso es exactamente lo que él había presentido. Creía en las naciones. Las ideologías pasan, la geografía permanece. Él lo predecía: «Rusia beberá el comunismo como el borracho bebe la tinta».

D. R. — Eso nos lleva a los debates presentes sobre las relaciones con los rusos. Estoy impactado por el precedente de 1966. De Gaulle se queda once días en la URSS. Despliega su encanto. Los estudiantes de Moscú están deslumbrados al oírle invocar los grandes textos de la literatura rusa. Honra a los compañeros de armas de la guerra y el recuerdo del regimiento

Normandía-Niemen. Añadamos ese gesto encantador que recuerda su adhesión a la libertad de culto: en Leningrado, asiste a una misa y comulga en público, cosa que hacía muy raramente. Todo eso no carece de grandeza, ¿pero con qué resultado? Dos años más tarde, los carros soviéticos aplastan la Primavera de Praga, y Francia reacciona blandamente.

H. C. E. – En todas las cosas hay que considerar el fin. La mezcla de firmeza y diálogo con la Rusia soviética ha terminado por dar frutos. Mitterrand ha seguido la misma línea. Ha mantenido el contacto, con respeto, y haciéndose respetar a su vez. Muy hábilmente, reiteraba a los soviéticos sus propios compromisos sobre los derechos humanos, pues habían firmado los acuerdos de Helsinki en 1975. Veo una continuidad entre esta política tenaz y los cambios milagrosos de 1989.

D. R. – Los tiempos actuales marcan una vuelta atrás. La cultura democrática falta, no solamente en el seno del poder, sino en el pueblo mismo. ¿Por qué los rusos no han podido seguir la vía de los polacos, de los checos, de los rumanos o de los bálticos?

H. C. E. — Desconfiemos de las generalizaciones. Estoy convencida de que la libertad es un deseo universal. No por eso se puede negar la tradición de sumisión a lo largo de los siglos. En Rusia, la servidumbre se abolió muy tarde, en 1861. Es un momento cautivador. Alejandro II libera a veinte millones de siervos. Se les lee el acta de abolición en el atrio de las iglesias en todo el país. Muchos de ellos están desprovistos de todo y son analfabetos. Captan mal los derechos que al fin se les han otorgado. Se mide la distancia de las mentalidades con las de Europa occidental, donde los campesinos han alcanzado, en la misma época, un estado muy distinto de desarrollo. La servidumbre rusa es un pozo sin fondo. La servidumbre prosiguió en una época en que hacía mucho que había desaparecido en el oeste. Peor aún, se reforzó en los siglos XVII y XVIII.

D. R. — Vassili Grossman, el gigante de la literatura rusa, definió así el abismo que se abrió durante los últimos siglos: «Crecimiento de la libertad en Occidente, crecimiento de la esclavitud en Rusia».

H. C. E. — Nada más cierto. En el siglo XIX, cuando los intelectuales populistas van a los campos para fraternizar con los campesinos, sucede a menudo que estos no se fían. Los denuncian a la policía. Se preguntan quiénes son esos provocadores extraños que vienen a predicar un mundo ideal.

D. R. — ¿Ve un vínculo con la sumisión que había en el tiempo de la URSS?

H. C. E. — Ciertamente. He observado el fenómeno en los años 1970. Un acuerdo tácito se había establecido entre el cuerpo social y el régimen soviético. Stalin, lo recuerdo, ya había muerto. Habían pasado veinte años, el tiempo de una generación. El ambiente había cambiado. El tiempo de los ríos de sangre había pasado. El contestatario o intelectual disidente se exponía por supuesto a la marginación social. Si se obstinaban, corrían el riesgo del asilo psiquiátrico o la cárcel. En revancha, a la familia media se le ofrecía un *modus vivendi,* en suma aceptable para muchos. Es uno de los matices del que le hablaba y que los anticomunistas rabiosos se negaban a reconocer. Eso explica, por otra parte, comportamientos que perduran bajo el reinado de Vladimir Putin.

D. R. – En su dimensión material, el pacto implícito estaba recogido en la célebre fórmula: «Ellos ponen cara de pagarnos, nosotros ponemos cara de trabajar».

H. C. E. – Eso saltaba a la vista cuando podías entrar en la intimidad de las familias. En los apartamentos, se notaba la presencia misteriosa de objetos o alimentos en principio inencontrables. Todo faltaba en los almacenes, pero uno se apañaba. Los canales no oficiales y el mercado negro funcionaban a pleno rendimiento. Por supuesto, se estaba lejos de la abundancia de Occidente, y todo el mundo lo sabía, a pesar de la propaganda. Los rusos no son más tontos que nosotros. No les crea desprovistos de conciencia política. Pero se limitaba eso a las conversaciones llamadas *en la cocina*, mantenidas con los parientes y los amigos seguros. Este equilibrio era muy imperfecto, y en todo caso tranquilizaba a buena parte de la sociedad. Cuando se rompió, en los desórdenes de la era Yeltsin, fue un desastre para mucha gente, víctima de las reformas pretendidamente liberales. Se habló de «terapia de choque». Resultado: se tuvo el choque, pero no la terapia. Para millones de personas, la libertad ha significado desigualdad, inseguridad, la ley del más fuerte y la inflación vertiginosa. Se comprende por qué el regreso al orden y la prosperidad relativa han sido tan apreciados durante los primeros años del poder de Putin.

D. R. – Vassili Grossman, al que acabo de citar, traza una continuidad trágica entre esas épocas. Lenin ancló su poder en las profundidades milenarias de la servidumbre. Logró, dice él, «la síntesis de la servidumbre y del socialismo».

H. C. E. – Tengamos cuidado con las caricaturas, en todo caso. Rusia no es el planeta Marte. Custine, publicando su famoso viaje a Rusia de 1839, ha inspirado una tradición simplista, según la cual el ruso no marcha más que bajo el knut.

D. R. – La realidad es a veces caricaturesca. En la rúbrica «profesión», el zar Nicolás II, en el

censo, escribió: «Propietario de la tierra rusa».
Los más reaccionarios de los reyes de Francia no
hubieran jamás escrito eso.

H. C. E. – Evidentemente. Rusia no ha conocido nunca la sutileza de los contrapoderes
desarrollados al paso de los siglos en Francia
o en Inglaterra. Véase el rol de la Iglesia, tan
importante en Francia, incluso en el tiempo
del absolutismo. No se encuentra algo así en
Rusia. En este asunto, Custine tiene razón.
Juzga severamente al clero ruso, que «nunca será más que una milicia revestida de un
uniforme un poco diferente del de las tropas
seculares». Su presciencia no le ha engañado.
Mucho más tarde, la jerarquía de la Iglesia
debía estar bajo el control del KGB. Luego,
Vladimir Putin se ha asegurado el mismo
control. Pero Custine cae en el exceso. Describe Rusia como una satrapía oriental a las
órdenes del emperador: «Un solo hombre en
todo el imperio tiene el derecho de querer».
Está bien dicho, pero es falso. Los nobles liberales, los círculos intelectuales y toda clase
de oposición fermentan ya a comienzos del
siglo XIX. Se dio la insurrección decembrista

en 1825. Y quizá se prepara una insurrección contra Putin, dos siglos más tarde, que va a sorprendernos cualquier mañana.

D. R. — ¿Cómo entender que el poder ruso, lo mismo que el poder chino, nos sigan siendo tan opacos?

H. C. E. — La ceguera ha sido a menudo voluntaria. Hay una forma de ligereza occidental en el análisis de esas situaciones. Se puede exagerar, para bien o para mal, sin gran consecuencia. Así, Stalin y Mao se beneficiaron los dos en Occidente de un trato de favor inimaginable. Hay que releer la prensa internacional con ocasión del septuagésimo cumpleaños de Stalin, en 1949. El dictador recibe toda suerte de parabienes venidos de todas partes. Habrá que esperar el informe de Kruschev en 1956 para que el mundo comience a entender la medida de sus atrocidades.

D. R. — En la muerte de Stalin, se asiste a escenas impensables. Aquí, en París, se junta gente ante la sede de *L'Humanité* y le lloran como si se tratase de su propio padre.

H. C. E. – Esos tenían al menos la excusa de la fe comunista. En Estados Unidos, se le ha presentado como el simpático «Oncle Joe» durante años. Nosotros éramos sus aliados. ¿Hacía falta por eso pasar por alto sus crímenes? Eso arroja una luz cruda sobre nuestro campo occidental. Consciente o inconscientemente, nuestros intereses determinan nuestras posturas, mucho más que los grandes principios que proclamamos.

D. R. – Eso vale para nuestra manera de inclinarnos hoy ante Xi Jinping. Entre sus condolencias, Jean d'Ormesson citaba siempre un texto demasiado elogioso a la muerte de Mao en 1976. Él dirigía entonces *Le Figaro*.

H. C. E. – Yo me acuerdo del titular de *Paris-Match*: «Mao, gigante de la historia, poeta, estratega y profeta». Y eso no tenía nada de original. El tono de la prensa era ese, a izquierda y derecha. Se habla de un hombre que ha causado varias decenas de millones de muertos y una suma de sufrimientos sin medida. Esa es la verdad: esos monstruos estaban sentados sobre una montaña de cadáveres, y han gozado de nuestra alegre complicidad.

D. R. – ¿Somos tan ciegos con Asia hoy?

H. C. E. – Sí, me temo que sí. Y con una ceguera muy particular, porque, esta vez, la revolución geopolítica está además en contra nuestra. El momento occidental llega a su término. Muy pronto habrá un millardo y medio de chinos, un millardo y medio de hindúes. En ese gran basculamiento, Europa está incluso peor colocada que Estados Unidos. Al contrario que ellos, nosotros no tenemos fachada al Pacífico. Nuestra capacidad de pesar sobre esta parte del mundo es mucho más débil que la suya, incluido evidentemente el aspecto militar. Corremos el peligro de la marginación. Observe bien el globo terráqueo. Europa corre el riesgo de ser llevada a la definición que dio Paul Valéry: «Un cabo pequeño del continente asiático».

D. R. – Es en ese «pequeño cabo» donde nació la civilización griega y la latina, de importancia universal. Es usted europea por todas las fibras: la perspectiva de un tal eclipse debe entristecerla.

H. C. E. – No hago de eso un asunto personal. Que yo esté triste o no, no cambia nada.

La historia no se detiene. Los que rehúsan verlo se dejan engañar en la comodidad de una opinión. Me hacen pensar en el Santo Oficio convocando a Galileo para hacerle abjurar de sus teorías astronómicas. Se les podría responder como él lo hubiese hecho: «Y, sin embargo, se mueve».

D. R. – ¿Se acuerda del momento de estupefacción, cuando el puerto del Pireo fue comprado por China? El imperio asiático ponía pie en Atenas, la ciudad donde la democracia occidental vio la luz hace veinticinco siglos.

H. C. E. – Sí, es un símbolo, y es más que eso: un proyecto de extensión en todas direcciones. Las rutas de la seda están destinadas a formar una tela gigantesca, tejida sobre el mundo. La China ya no es «emergente», está desde hace largo tiempo «emergida». Los brasileños, los hindúes y tantos otros pueblos formaban el «Tercer mundo». Aspiran a devenir el primero.

D. R. – ¿Siente el peso de una fatalidad? Algo como: *¡el mundo, para otros!*

H. C. E. – Es usted más conservador que yo. La nostalgia no es cosa mía. Constato un hecho.

D. R. – Vale la pena releer las líneas impresionantes de Chateaubriand, en las *Memorias de ultratumba,* donde se hace anunciador de esos trastornos:

> Poseíamos vastas tierras en ultramar: ofrecían un asilo al excedente de nuestra población, un mercado a nuestro comercio, un alimento a nuestra marina. Estamos excluidos del nuevo universo donde recomienza el género humano: las lenguas inglesa, portuguesa, española sirven en África, en Asia, en Oceanía, en las islas del mar del Sur, sobre el continente de las dos Américas, para la interpretación del pensamiento de varios millones de hombres; y nosotros, desheredados de las conquistas de nuestro valor y de nuestro genio, apenas oímos hablar en algún pueblo de la Luisiana y del Canadá, bajo dominio extranjero, la lengua de Colbert y de Luis XIV: no queda allí más que como un testigo de los reveses de nuestra fortuna y de los errores de nuestra política.

Es injusto para la francofonía. Por lo demás, eso no deja de parecer así.

H. C. E. – «El género humano recomienza», en efecto. Debemos aprender la modestia. Otros distintos pretenden los mismos derechos que nosotros en los asuntos del mundo. En revancha, no pienso que seamos por eso «excluidos del nuevo universo», como proclama Chateaubriand. Los occidentales, y sobre todo los europeos, deben reflexionar en una nueva forma de existir. El presidente Macron se pone a la tarea. Multiplica las relaciones con lo que se llama el «sur global» –a la espera de encontrar un nombre mejor definido.

D. R. – ¿Aprovechará Rusia el impulso de este nuevo universo?

H. C. E. – Vladimir Putin se hace muchas ilusiones. Del lado asiático, es la entrada de servicio lo que le proponen los chinos.

D. R. – Os reconozco en el gusto por la fórmula feroz.

H. C. E. – Usted me halaga. Si hubiese tenido ese talento, me habría gustado mucho ser polemista. Es la verdad la que es feroz. Moscú está en posición de debilidad frente al gigante chino, tan activo, tan comerciante, tan poblado. Rusia va a la zaga. Cuenta con menos de 150 millones de almas, y su demografía va declinando. Pronto o tarde, China mirará para los vastos territorios del oriente ruso, tan poco habitados. Una desconfianza recíproca dirige además a estos pueblos uno contra otro. La *asiachina* tiene en Rusia una connotación peyorativa. Es un término que señala la tosquedad supuesta de las regiones lejanas, en el este. Trotski lo emplea para desprestigiar a Stalin, descrito como un tirano oriental. Todo eso, por lo demás, no está exento de prejuicios xenófobos.

D. R. – ¿Es preciso renunciar a la gran promesa liberal? La helenista Jacqueline de Romilly, nonagenaria y casi ciega, decía que la luz ateniense le había ayudado a sobrevivir bajo la Ocupación, cuando se escondía para escapar a las ráfagas. La lectura de Tucídides le hacía esperar la victoria del mundo libre sobre los nazis. Ella traducía la oración de los guerreros por Pericles, que anuncia al mundo la buena nueva: la gozosa democracia ateniense, reidora y tolerante, practicando la libertad de las ideas y del comercio, será siempre más fuerte que los sombríos regímenes autoritarios.

H. C. E. – Jacqueline de Romilly era una mujer encantadora. Cuando fui elegida para la Academia, Marguerite Yourcenar ya había muerto; nosotras éramos pues las dos únicas mujeres entre los Cuarenta. Nos reíamos mucho juntas. Lo que dice usted aquí nos lleva a lo esencial. Hay una relación primordial entre la risa, el espíritu crítico, la libertad de pensamiento, la propiedad y la democracia. Es quizá una de las razones para esperar en los rusos y en su capacidad de cambiar un día de régimen. No les falta sentido del humor.

D. R. – Los chinos desmienten trágicamente la esperanza liberal. Han adquirido la prosperidad, el espíritu de libertad no ha venido luego.

H. C. E. – Es cierto. Los dirigentes chinos no lo ocultan. Las reformas de Gorbachov, la profusión de libertad de 1989 les ha hecho el efecto de un espantapájaros. Se han endurecido. La menor democratización les parece peligrosa; hay que ahogarla en sangre. Por eso el capitalismo no basta. Es una ilusión pensar que el mercado conduce a la libertad por una especie de generación espontánea.

D. R. – Es lo que cree Montesquieu al describir el «dulce comercio». O Voltaire, cuando hace de la bolsa de Londres su modelo político, en las *Cartas filosóficas*. «El judío, el mahometano y el cristiano» se enriquecen juntos, y ya no piensan en matarse unos a otros.

H. C. E. – Voltaire se enamora de Inglaterra porque ve a Londres como la tierra de la libertad de pensamiento y de religión. La economía liberal no funciona sin la tolerancia. He escrito la biografía de Alexandra Kolontái, una de las más altas dirigentes bolcheviques. Había sido muy cercana a Lenin, y Stalin extrañamente no la atacó. Pero esta mujer extraordinaria me ha gustado por una razón precisa: he descubierto que al contrario de tantas otras nunca denunció a nadie. Detesto los espíritus inquisitoriales. La palabra *tolerance* es una de las más bellas de la lengua francesa.

D. R. – ¿Es esa su preferida?

H. C. E. – Quizá. O mejor la palabra «caridad», que constituye de algún modo su equivalente cristiano. La búsqueda solo del bienestar material no basta. Solzhenitsyn ha escrito sobre eso muy bellas páginas. Hay que releer su *Discurso de Harvard* de 1978. Su conclusión merece grabarse en nuestras casas, y estoy segura de que la lección se comparte en todas las latitudes: «Nadie, sobre la tierra, tiene otra salida que ir siempre más arriba».

D. R. – 1978 es el año de vuestro primer gran éxito, *L'Empire éclaté*. Podríamos partir de ahí en nuestra próxima entrevista. Buenas vacaciones.

H. C. E. – Buenas vacaciones, y mejor vuelta al trabajo. Trabajar es tanto más divertido que todo el resto.

BIOGRAFÍA Y OBRAS DE
HÉLÈNE CARRÈRE D'ENCAUSSE

Historiadora de Rusia, autora de *L'Empire écla-té*, Hélène Carrère d'Encausse (1929-2023) en-tró en 1991 en la Academia francesa, de la que fue elegida secretaria perpetua en 1999.

Réforme et Révolution chez les musulmans de l'Empire russe, París, Presses FNSP 1966.

Le Marxisme et l'Asie (en coll. avec Stuart Schram), París, A.Colin 1966.

La Politique soviétique au Moyen-Orient, París, Presses FNSP 1976.

L'Empire éclaté, París, Flammarion 1978 (Prix Aujourd'hui).

Lénine, la révolution et le pouvoir, París, Flam-marion 1979.

Staline, l'ordre par la terreur, París, Flammarion 1979.

Le Pouvoir confisqué, París, Flammarion 1980.

Le Grand Frère, París, Flammarion 1983.

La déstalinisation commence, París-Bruxelles, Complexe 1986.

Ni paix ni guerre, París, Flammarion 1986.

Le Grand Défi, París, Flammarion 1987.

Le Malheur russe, París, Fayard 1988.

La Gloire des nations, París, Fayard 1992.

L'URSS, de la Révolution à la mort de Staline, París, Seuil 1993.

The Nationality Question in the Soviet Union and Russia, Oslo, Scandinavian University Press 1995.

Nicolas II. La transition interrompue, París, Fayard 1996 (Prix des Ambassadeurs).

Lénine, París, Fayard 1998.

La Russie inachevée, París, Fayard 2000.

Catherine II, París, Fayard 2002.

L'Impératrice et l'Abbé, un littéraire inédit entre Catherine et l'abbé Chappe d'Auteroche, París, Fayard 2003.

L'Empire d'Eurasie, une historie de l'Empire russe de 1552 à nos jours, París, Fayard 2005.

Alexandre II: le printemps de la Russie, París, Fayard 2008.

La Russie entre deux mondes, París, Fayard 2010.

Des siècles d'immortalité: l'Académie française, 1635-..., París, Fayard 2011.

Les Romanov: une dynastie sous le règne du sang, París, Fayard 2013.

Six années qui ont changé le monde: 1985-1991, la chute de l'Empire soviétique, París, Fayard 2015.

Le Général de Gaulle et la Russie, París, Fayard 2017.

La Russie et la France: de Pierre le Grand à Lénine, París, Fayard 2019.

Alexandra Kollontaï, la Walkyrie de la Révolution, París, Fayard 2021.

BIOGRAFÍA Y OBRAS DE
DARIUS ROCHEBIN

Darius Rochebin es periodista. Realiza desde hace treinta años entrevistas con personalidades relevantes en los acontecimientos políticos, como fue el caso sobre todo con Mijaíl Gorbachov, Lech Walesa, Vladimir Putin, Volodimir Zelensky, Emmanuel Macron, el dalái-lama o Aung San Suu Kyi. Es caballero de la orden de las Artes y las Letras.

Dernières Conversations avec Gorbatchev, postface d'Hélène Carrère d'Encausse, París, Robert Laffon 2022.

Regards croisés sur Genève, promenade littéraire, Genève, Slatkine 2017.

ESTE LIBRO, PUBLICADO POR
EDICIONES RIALP, S.A.,
MANUEL URIBE 13-15, 28033 MADRID,
SE TERMINÓ DE IMPRIMIR EN
ANZOS, S. L., FUENLABRADA (MADRID),
EL DÍA 30 DE JULIO DE 2024.